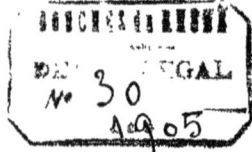

DOUANES FRANÇAISES

TARIF - TRANSPORT DIRECT

TRANSBORDEMENTS

Transport interrompu par force majeure, notamment, par suite de GRÈVE

SURTAXE D'ENTREPOT

ÉTUDE

PAR

M. Louis MOYNIER

Licencié en Droit,
Receveur Principal des Douanes en retraite,
Ancien Chef du Contentieux de l'Administration Centrale des Douanes,
Chevalier de la Légion d'Honneur

MARSEILLE

TYPOGRAPHIE ET LITHOGRAPHIE BARLATIER
19, Rue Venture, 19

1905

DOUANES FRANÇAISES

TARIF - TRANSPORT DIRECT
TRANSBORDEMENTS

Transport interrompu par force majeure, notamment, par suite de GRÈVE

SURTAXE D'ENTREPOT

ÉTUDE

PAR

M. Louis MOYNIER

Licencié en Droit,
Receveur Principal des Douanes en retraite,
Ancien Chef du Contentieux de l'Administration Centrale des Douanes,
Chevalier de la Légion d'Honneur

MARSEILLE

TYPOGRAPHIE ET LITHOGRAPHIE BARLATIER
19, Rue Venture, 19

1905

OUVRAGES DU MÊME AUTEUR

1. **Acquittement des droits de Douane.**
   - I.   Paiments au Comptant.
   - II.   Paiements à Terme.
   - III.   Insolvabilité du Redevable.
   - IV.   De la Contrainte.
   - V.   Faillite du Redevable.
   - VI.   Liquidation Judiciaire.
   - VII. Revendications des Tiers et des Créanciers privilégiés.
   - VIII. Responsabilité des Comptables.
   - IX.   Admission en non-valeur des sommes irrécouvrables.
   - X.   Responsabilité des Inspecteurs et des Directeurs.

2. **Du WARRANT considéré au point de vue des Droits de la Douane sur les marchandises placées en Entrepôt fictif.**

3. **De l'HYPOTHÈQUE LÉGALE de la régie des Douanes sur les Immeubles des redevables.**

4. **Du PRIVILÈGE de la régie des Douanes sur les Meubles des redevables.**

5 et 6. **ADMISSION TEMPORAIRE DU BLÉ FROMENT** — 2 brochures (1896-1900).

7. **Admission temporaire des Huiles d'olive.**

8. **Intérêts moratoires des sommes indûment perçues par le fisc**
   Le Trésor est tenu de les rembourser.

9. **Contestations entre la Douane et le Commerce**
   Expertises. — 2 brochures (1900-1904).

10. **Privilèges — Agent en Douane — Subrogation légale** (1900).

11. **Déclarations en Douane — Propriété des marchandises entreposées — Privilège de la Douane en opposition avec le droit des propriétaires réels** (1904).

DOUANES FRANÇAISES

TRANSBORDEMENTS

Transport interrompu par force majeure, notamment, par suite de Grève.

Transport Direct

Les règlements de l'Administration des Douanes ont, presque tous pour fondement, des Lois remontant à 1791, c'est-à-dire à 114 ans !

Est-il besoin d'ajouter qu'ils ne répondent plus, dès lors, à la situation actuelle du commerce et de l'industrie.

L'Administration s'efforce, il est vrai, par des décisions successives, de mettre les dispositions anciennes en harmonie avec les nécessités nouvelles ; mais comme elle reste, malgré tout, sous l'influence du vieil esprit qui a inspiré les lois primitives, elle ne parvient pas à une réglementation libérale, dégagée des entraves du passé.

On se trouve, ainsi, en présence de dispositions composées de pièces et de morceaux, disparates, quelquefois contradictoires, que le service applique, comme toute loi fiscale, dans un sens restrictif, sans s'attacher à en rechercher l'origine, les motifs, la raison d'être.

Si les agents d'exécution n'ont pas une notion précise de la valeur réelle de ces règlements, que dire du commerce lui-même qui apprécie les textes avec son bon sens seul et surtout avec une tendance naturelle d'interprétation conforme à ses intérêts. L'illusion l'entraîne à des erreurs, à des mécomptes, c'est-à-dire, en somme, à des pertes destructives des combinaisons les mieux conçues.

Ces incidents sont fréquents et se produisent, surtout, à l'occasion des *conditions de transport* auxquelles les lois des Douanes subordonnent la *franchise* de certaines marchandises ou leur admission à un *régime de faveur.*

Une de ces conditions est ce qu'on appelle le *Transport direct.*

En quoi consiste le transport direct ? Les règlements actuellement en vigueur donnent-ils satisfaction aux intérêts en présence ? Sont-ils légaux ? N'y a-t-il pas lieu d'en provoquer la réforme ?

Telles sont des questions posées auxquelles je me suis attaché à répondre dans les pages suivantes.

Origine du Transport Direct

La tarification des marchandises et les conditions de leur apport en France ont subi l'influence des courants qui se sont successivement produits, dans la vie politique et économique du pays.

Tout d'abord, on a eu, surtout, en vue la protection de la Marine nationale.

On lui avait réservé le monopole de l'intercourse entre la métropole et les colonies. Les transports effectués, sous pavillon français, entre les pays hors d'Europe étrangers et la France, étaient, de plus, protégés contre les marines rivales, par une *surtaxe de pavillon* (1).

Ce régime de faveur accordé aux importations par navires français, était subordonné à une condition essentielle : le *Transport direct.*

Par transport direct, on entendait que le navire effectuât le voyage sans faire escale à l'étranger et notamment, dans un port d'Europe, sauf le cas de *force majeure.*

Cette prohibition de relâcher, dans aucun port, dans le cours du transport en France, avait son origine dans la loi du 17 juillet 1791, article 2, sur le commerce des îles et colonies françaises; il est ainsi conçu :

(1) Cette surtaxe a été supprimée par la loi du 19 mai 1866. Rétablie le 30 janvier 1872 après la guerre de 1870, elle a été de nouveau supprimée par la loi du 28 janvier 1873.

Les négociants qui armeront des navires pour les colonies françaises feront leurs soumissions cautionnées, de faire directement le retour des dits bâtiments dans un des ports du royaume et sans toucher à l'étranger, hors le cas de relâche forcée, de naufrage ou autres accidents.

Cette disposition avait pour objet d'empêcher la substitution des marchandises en cours de route et d'assurer l'arrivée sur le marché français des marchandises chargées aux colonies.

C'est dans ce texte législatif que l'Administration a puisé le droit de définir ce qu'on doit entendre par transport direct. C'est dit-elle, dans une note du Tarif de 1885, Obs. prél. nº 54 : *Le transport effectué par un même navire depuis le lieu du départ jusqu'au lieu de destination, sans escale.*

Il faut noter ces mots : *par un même navire* qui pouvaient avoir leur raison d'être en 1791, pour l'application du Pacte colonial et alors que les relations maritimes, qui s'effectuaient par navire à voiles, n'avaient pas atteint le développement qu'elles ont aujourd'hui.

Force fut à l'Administration des Douanes de faire successivement, de nombreuses exceptions à la règle qu'elle avait créée et qui ne repose, en définitive, sur aucun texte formel.

Exceptions antérieures à 1860

L'Administration commença par permettre la relâche, dans un port d'Europe, des navires venant d'un pays hors d'Europe, à la condition de n'y opérer aucune opération de commerce. (Déc. Min. du 7 avril 1840).

Une seconde décision du 26 février 1843 autorisa le débarquement dans un port d'Europe d'une partie de la cargaison.

Cette facilité fut étendue, le 20 octobre 1846, aux produits du Sénégal et des Comptoirs français à la Côte occidentale d'Afrique.

Le 7 avril 1848, les navires venus des colonies françaises furent appelés à jouir de la faveur qui leur avait été refusée jusque là.

Enfin, le 14 juillet 1852, on étendit la facilité aux navires venus des pays situés au-delà des Îles et des détroits de la Sonde.

Ainsi, on le voit, pour les navires affectés à la navigation avec les pays extraeuropéens, l'Administration a été peu à peu amenée à abandonner sa définition première et à donner un sens moins restrictif aux mots *Transport Direct*.

Nous allons la voir modifier, d'une façon plus large encore, ses dispositions antérieures sous la pression des modifications survenues dans les Tarifs, les relations internationales, la navigation.

Modifications postérieures à 1860

Jusqu'en 1860, les Pouvoirs publics, avaient en vue trois objets : 1° Protection de la marine marchande ; 2° Développement de nos transactions directes avec les États hors d'Europe ; 3° Opposition à la constitution, dans les ports d'Europe d'*entrepôts* de marchandises extra-européennes où nos commerçants auraient pu aller s'approvisionner.

Le Gouvernement Impérial apporta un changement radical à cet état de choses.

La marine nationale fut appelée à lutter à armes à peu près égales avec les marines étrangères. On lui remit, il est vrai, en franchise les matières nécessaires à la construction des navires (octobre 1855) ; mais bientôt après, on lui enleva le monopole du commerce avec les colonies (janvier 1861) et en 1866 (Loi du 19 mai) le pavillon étranger fut assimilé au pavillon français.

Le gouvernement, d'un autre côté, conclut des traités de commerce avec les principaux États d'Europe et fit admettre en franchise de tous droits un certain nombre de produits qualifiés *matières premières*. Le bénéfice des traités et l'admission en franchise des matières premières furent subordonnés à la condition que les marchandises seraient importées *directement* en France.

· Les Pouvoirs publics ont, ainsi, abandonné la marine à ses propres forces et fait le sacrifice de certains droits ; mais ils se sont refusés à favoriser la création d'entrepôts de marchandises étrangères dans les États voisins de notre pays. Ils ont voulu forcer l'apport direct en France de matières premières nécessaires à notre industrie, qu'elles fussent importées des pays hors d'Europe ou des pays d'Europe.

Une circulaire administrative du 7 mars 1861 explique nettement qu'en se servant des mots *du cru des pays d'Europe*, par opposition à cet autre mot *d'ailleurs*, le gouvernement avait voulu indiquer que le *transport* devait *être direct* et que c'était à cette condition que la franchise pourrait être acquise ; d'où la conséquence que l'intention formelle du gouvernement avait été d'exclure du bénéfice de la franchise les opérations d'entrepôt, qui devaient être frappées de la *surtaxe d'entrepôt*.

Le mot surtaxe d'entrepôt n'a pas ici son vrai sens. Il s'applique, en effet, plutôt aux surtaxes frappant les produits *exotiques* emmagasinés dans un pays européen.

On appelle spécialement *surtaxes d'origine* celles qui affectent les produits *européens* non importés en droiture en France.

L'obligation d'importer directement en France les produits originaires des pays contractants ou du cru des pays d'Europe souleva, dans la pratique, de sérieuses difficultés,

Aujourd'hui, en effet, les transports maritimes se prêtent à des combinaisons entre lignes secondaires et lignes principales, entre compagnies portant le même pavillon et entre compagnies appartenant à des pays différents ; les marchandises sont transportées sous le couvert de *connaissement à frets combinés*, avec la faculté par la compagnie expéditrice de les diriger sur le port de destination, par des navires de la même compagnie ou par des navires d'autres compagnies, liées entre elles par des tarifs spéciaux.

Des protestations s'élevèrent. L'Administration fut amenée à modifier ses instructions, comme nous allons le voir.

Suppression de l'obligation du transport direct

pour un certain nombre de produits

Ce fut l'objet de la circulaire du 7 mars 1867. La règle ne fut maintenue que pour vingt-huit espèces de marchandises.

La même instruction stipula que les marchandises portées au tarif conventionnel d'un État contractant seraient admises au bénéfice du tarif de faveur, *de quelque part qu'elles viennent*. (Cette dernière partie de la décision du 7 mars 1867 était trop libérable : elle fut abrogée).

En continuant l'énumération des instructions, nous trouvons une décision du 29 novembre 1878 affranchissant de la surtaxe de provenance et d'entrepôt, les produits de la Perse, importés par la voie de Taganrock (Russie).

Jusqu'ici, nous n'avons eu à envisager que le transport direct par mer, c'est-à-dire, des produits expédiés par mer du port de destination en France.

Il y a des règles spéciales pour les marchandises importées *par terre*. Pour ces transports, il était interdit d'emprunter la *voie de la mer*, en transitant à travers un pays *tiers*. Il serait difficile de donner une raison plausible de cette interdiction. Aussi, a-t-elle été l'objet d'exceptions successives.

Ainsi, le 27 juillet 1877, on autorise le transport des produits russes par les ports *allemands* de la Baltique.

Les produits du Zolverein, des villes anséatiques et du Meeklembourg furent considérés comme importés directement, lorsqu'ils arrivaient par Hambourg. Une décision du 24 octobre 1867 étendit la même faveur aux produits *autrichiens* venus en France, soit par mer, de l'un quelconque des ports allemands de la mer du Nord ou de la Baltique, soit quand ils arrivent par terre ou par les canaux de l'un des ports néerlandais, d'Amsterdam, de Rotterdam, de Harlingen, de Flessingue ou de Dordecht.

Vient ensuite une lettre du 20 septembre 1878 qui confirme, en ce qui concerne les produits de Hongrie, la facilité accordée aux produits autrichiens.

Enfin, par décision ministérielle du 16 août 1883, on a exempté de la surtaxe les produits autrichiens expédiés par terre jusqu'à Galatz ou Odessa et venus ensuite directement, de ce port en France (1).

Transbordements

Jusqu'ici, c'est le principe même du transport en droiture avec l'obligation d'employer la voie la plus directe, qui fait l'objet de dérogations continues. Nous allons, maintenant, arriver à l'abrogation partielle de la règle spéciale aux transports par mer *par le même navire*.

Cette obligation du transport était absolument inconciliable avec les conditions nouvelles de la navigation. Il fallut céder devant les réclamations du Commerce et autoriser les transbordements.

L'exception au principe même du transport direct, tel que l'a défini l'Administration, a été prononcée par le Ministre des Finances, le 29 mars 1867, par une décision ainsi conçue :

« Le transbordement d'une marchandise d'un bateau à vapeur français ou d'un bateau à vapeur de même pavillon, dans un port d'un pays tiers, ne fera pas perdre au produit transbordé le régime de faveur accordé soit par les traités, soit par la législation générale, aux importations effectuées directement des pays de production. »

(1) Toutes ces décisions sont spéciales au cas prévu. On ne peut les étendre à des espèces similaires. Ainsi, refuse-t-on le bénéfice du transport direct aux navires français qui chargent à Constantinople des marchandises d'origine russe, parce qu'elles sont venues au port d'embarquement, *par terre*.

Comment concilier cette prohibition avec les décisions mentionnées plus haut, en faveur des produits autrichiens, hongrois, allemands, etc. ?

Où est la raison de ces oppositions des conditions d'importation?

L'Administration a interprété la décision ministérielle, dans deux lettres résumées ci-après :

Lettre du 17 Février 1869

« La décision du 29 mars 1867 a eu, dit-elle, seulement en vue les transports effectués par les compagnies qui exploitent une ligne régulière entre la France et l'étranger. Elle a été motivée par les nécessités de transbordement qui résultent pour ces compagnies de l'existence de lignes secondaires venant se rattacher à la ligne principale, à divers points de son parcours, et l'on a entendu subordonner l'application de la mesure à la condition que le transport, depuis le lieu du chargement primitif jusqu'en France, s'effectuerait entièrement par des bateaux appartenant à la même compagnie. »

Lettre du 22 Décembre 1875

« La faculté du transbordement est réservée à la condition que le voyage effectué depuis le port de transbordement jusqu'au port français de destination constituerait la partie principale du voyage total. »

Commentaires de ces trois décisions

Commençons par remarquer que la décision ministérielle est conçue en termes assez larges et que les restrictions dont elle a été l'objet de la part de l'Administration, se sont produites après plusieurs années de sa date (deux ans et huit ans après).

Par sa lettre du 17 février 1869, l'Administration prohibe les transports par frets combinés entre compagnies de pavillon différent. Ainsi, un navire russe, parti d'Odéssa, transborde sa cargaison à Constantinople sur *un navire français*, à destination de France. Le transport est considéré comme interrompu et les marchandises sont soumises à la surtaxe parce que le transbordement aurait dû être effectué sur un navire *de la même compagnie portant le même pavillon !*

Comment approuver une décision amenant un tel résultat !

Elle est en opposition formelle avec la loi qui assimile le pavillon étranger au pavillon français, sans cependant sacrifier ce dernier au premier. Ce qui le prouve, c'est qu'en autorisant le 29 mars 1867, les transbordements en général, le Ministre dit qu'il y a lieu d'accorder cette faveur, dans l'intérêt de notre commerce *et de notre marine*, assimilée au pavillon du pays de production.

Evidemment en refusant le bénéfice du T. D. aux produits russes transbordés à Constantinople, sur un navire français, la Douane se met en opposition formelle avec les principes les mieux établis dans l'intérêt de notre marine.

La décision administrative du 22 décembre 1875 est encore moins légitime. Elle ne trouve sa justification dans aucun terme de la décision ministérielle qui, en autorisant le transbordement, n'a fait aucune réserve quant au point du transbordement. Et, en effet, dans quel intérêt exiger que ce point soit plus ou moins éloigné du port d'arrivée? Quel objet a-t-on en vue? Il ne peut être question de protéger le pavillon français, puisque la mesure s'applique à tous les pavillons. A-t-on voulu favoriser les longues navigations ? Que le port de transbordement soit rapproché ou éloigné, la navigation sera la même. On a, probablement, cherché à empêcher les transbordements dans les ports d'entrepôts tels que Londres, Gênes, Barcelone. On a craint les abus possibles. Mais n'y a-t-il, donc pas d'autres moyens de combattre, de prévenir la fraude ? Que craindre, du moment où on sera en présence d'un connaissement direct pour la France, que l'on pourra par les certificats consulaires, les livres de bord, les rapports de mer, la correspondance, la comparaison des dates de départ et d'arrivée, acquérir l'assurance que la marchandise est venue, sans arrêt ou mise à terre dans le port d'escale.

Il n'existe, il faut le dire, qu'un seul texte législatif sur le transport direct, c'est l'article 20 de la loi du 16 mai 1863, ainsi conçu ;

« Les modérations de droit établies en raison des lieux de
« provenance ou de production ne sont applicables que lorsqu'il est
« justifié que les marchandises ont été importées en droiture des pays
« de provenancc ou de production désignés par la loi et qu'elles ont
« été prises à terre dans les dits pays. »

Les termes de cette loi n'ont pas paru inconciliables avec la
faculté des transbordements. Du moment où tous les transbordements
ont pu être autorisés, sur quel autre texte, s'appuyer pour restreindre
la faculté aux opérations effectuées à distance.

Ainsi, par décision du 21 février 1901, l'Administration a autorisé
le transbordement à Bari des produits chargés à destination de France
à Trieste et à Spalato. Pourquoi repousser les transbordements faits à
Gênes sur des navires de la même compagnie, du moment où aucun
doute ne pourra être conçu sur l'origine réelle des produits, du
moment où il sera établi que la marchandise avait la France pour destination et n'a fait aucun séjour dans un port d'escale ?

**Réforme proposée. — Appliquer aux importations par
mer les règles établies pour les arrivages par terre.**

Comme on vient de le voir, les règles en vigueur sur le Transport
direct forment un assemblage de dispositions contradictoires, sans
base, réellement légale, inconciliables avec les principes d'égalité qui
doivent présider aux relations internationales. Elles ont, surtout, le
grave défaut de ne tenir aucun compte de la protection du pavillon
national qui a toujours été dans les préoccupations des Pouvoirs
Publics.

Il semble qu'il n'y aurait aucun inconvénient à appliquer aux
importations par mer les règles adoptées pour les arrivages par terre.

Pour ces derniers, on laisse, en général, les expéditeurs libres de
choisir la route qu'ils jugent préférable. On ne considère pas non plus

comme' une interruption du transport direct, les. déchargements et rechargements en cours de route ; mais il faut que par les factures originales, les bulletins d'accompagnement ou toute autre justification admise par le service, on établisse, qu'au départ du pays d'origine, la marchandise était destinée pour la France. Dans le cas de rupture de charge, il faut qu'il soit établi que la marchandise n'a pas séjourné'sur les points intermédiaires au delà du temps nécessaire pour son transbordement et pour le changement du mode de transport.

En résumé, une réglementation nouvelle en matière de transport s'impose. Elle est demandée avec instance par les compagnies des bateaux à vapeur, les commerçants, les industriels. Ce concert unanime de plaintes a été entendu par l'Administration qui en a été émue, car par lettre du 4 février 1895, M. Pallain, directeur général de cette administration, a demandé des renseignements à son service, en vue de la révision des règlements sur le transport direct qui « étaient présentés comme n'étant plus d'accord avec la pratique, l'état actuel de notre commerce et le développement de nos colonies. »

L'étude proposée par cet éminent administrateur n'a pas eu .de suite connue.

Il serait urgent qu'elle fût reprise et qu'elle eût pour résultat une réglementation basée sur des principes sérieux, plausibles, non contradictoires.

Valeur légale des décisions administratives

Dans les pages qui précèdent, on a vu sur quels textes législatifs repose l'obligation du transport direct. On a remarqué que vu l'époque éloignée à laquelle remonte le principe de cette formalité, l'administration, sous la pression des circonstances, avait été amenée à rendre successivement des décisions plus en rapport avec les nécessités commerciales. Il a été établi que ces instructions sont loin de former un ensemble coordonné, irréprochable dans ses dispositions ; obtenues, à grand peine, sous l'action d'intérêts privés, elles ne présentent pas un caractère général ; quelques-unes même sont en opposition avec les principes qui ont eu pour premier objet le développement de notre marine nationale. Ainsi, on a pu noter que, par l'effet de certaines réminiscences de mots pris dans un texte remontant à 114 ans, l'Administration en est arrivée à sacrifier, dans certains cas, le pavillon français au pavillon étranger.

Enfin, il a été exposé que M. Pallain, ancien directeur général des Douanes, ému des plaintes arrivées jusqu'à lui, avait mis à l'étude un projet de réforme d'un régime sans base légitime et en opposition avec les pratiques actuelles du commerce et de la navigation.

Animé d'un esprit très libéral, soucieux d'entraîner l'administration dans le mouvement du progrès résultant du développement des opérations commerciales, M. Pallain était l'administrateur désigné pour donner satisfaction aux demandes des compagnies de transport.

Mais, appelé à une situation plus haute, il a été remplacé par des hommes éminents, sans doute, mais qui n'ont fait que passer à la direction générale et dont l'attention n'a probablement pas été appelée sur la nécessité de la réforme entrevue par leur prédécesseur.

Il faut reconnaître toutefois, que le commerce ne serait pas encore, à regretter le retard apporté dans la solution des questions soulevées, s'il connaissait mieux l'étendue de ses droits. Le négociant français est naturellement porté à s'incliner devant les décisions administratives, qu'il considère comme ayant force de loi, souveraines et ne comportant aucun recours.

C'est là une erreur grave. Il est de principe, en effet, que le gouvernement et par délégation, l'Administration, a pour mandat de faire exécuter les lois, mais qu'il ne peut les exécuter lui-même, ni les interpréter d'une manière obligatoire pour le redevable. Sans nul doute, l'Administration a le droit et le devoir de donner à son service des explications, des commentaires de la loi ; mais ces décisions servent de règle aux agents d'exécution seuls : le commerce peut n'en tenir aucun compte et déférer le litige aux tribunaux. Les questions d'impôt, de tarif rentrent spécialement dans les attributions de la Justice. C'est là un principe que le Ministre des finances prend soin de rappeler en tête de chaque édition du tarif. On peut, notamment, consulter l'arrêté du du Ministre du 31 mars 1898, reproduit au dernier répertoire général du tarif ainsi conçu : « *Le répertoire général des Douanes dont le texte suit est approuvé. Il servira de règle aux employés*, le recours aux tribunaux *restant ouvert aux intéressés.* »

Ainsi toutes les décisions rendues en matière de transport direct, peuvent être déférées aux tribunaux judiciaires, c'est-à-dire au Juge de Paix en premier ressort.

Le commerce a tort de ne pas user de son droit, toutes les fois que la décision rendue lui paraît en opposition avec ses intérêts vitaux, avec des principes consacrés par des lois.

Ainsi, pour ne citer qu'un exemple, on ne comprend pas que les compagnies de transport ne se soient pas insurgées contre la décision qui refuse le bénéfice du transport direct aux produits d'origine russe transbordés à Constantinople, sur des navires français, sous le prétexte que le transport d'Odessa à Constantinople a été opéré, tout d'abord, sous pavillon russe.

Loin de moi la pensée de vouloir fournir au commerce des armes, pour éluder des droits légitimement dus au Trésor ; car l'impôt *est d'ordre public* et nul n'a le droit de s'y soustraire.

Mais si l'impôt légitimement établi doit être payé, il n'en est pas de même lorsque le paiement de la taxe exigée n'a pas de base légale, lorsque cette perception est en dehors des prévisions de l'importateur, lorsqu'elle n'est pas commandée par un intérêt général.

Nous trouvons, dans cet ordre d'idées, des cas d'application, dans les importations interrompues, dans leur transport, par la *force majeure* ; et notamment par les *grèves*. Il paraît nécessaire de conserver un article spécial à ces cas de force majeure.

Force majeure. — Grèves

La loi de 1791, nous l'avons vu, autorise l'application de la franchise ou de la modération des droits, lorsque l'obligation du *Transport en droiture* n'a pu être remplie par *force majeure,* c'est-à-dire par *relâche forcée, naufrage ou autres accidents ».

Dans ces divers cas, la justification du transport direct, est remplacée par des documents ne laissant aucun doute sur l'origine des marchandises, leur destination réelle pour la France, leur séjour momentané sur le territoire étranger, enfin sur les faits établissant la légitimité de l'interruption du transport direct. Ainsi on doit produire les connaissements, les manifestes d'accompagnement, les certificats consulaires au port d'escale, établissant que les marchandises ne sont pas entrées dans la consommation du pays, qu'elles y ont été simplement et momentanément déposées.

En un mot, les justifications produites doivent être de nature à établir que l'escale n'a pas eu pour objet de favoriser une *opération d'entrepôt,* que la *surtaxe* a eu, précisément, pour but d'empêcher.

Mais il ne suffit pas de justifier que le dépôt à l'étranger n'a pas masqué une opération d'entrepôt, il faut encore établir que ce dépôt a été le résultat de l'interruption forcée survenue dans le transport. Il faut prouver par des faits, sans conteste possible, qu'un cas de force majeure a empêché le navire d'accomplir régulièrement le trajet qu'il avait mission d'opérer.

Lorsqu'il s'agit d'accidents de mer, ces faits sont établis par le rapport du capitaine, les livres de bord, les certificats consulaires.

Mais que décider lorsque le défaut de justification du transport direct a pour cause une *grève* ?

Les tribunaux de Commeece ont été appelés à apprécier cette cause nouvelle de discussions entre le commerce et les compagnies de transport.

Après quelque hésitation provoquée par les clauses des connaissements, les tribunaux ont fini par admettre que la grève est un cas de force majeure lorsqu'elle est *générale*, lorsqu'en fait le navire ne peut ni embarquer ni débarquer des marchandises.

La Douane, de son côté, a eu à statuer sur des demandes d'exonération de la surtaxe d'entrepôt, pour des marchandises momentanément débarquées à l'étranger, pour cause de grève au port de destination.

Dans un cas, le navire avait pénétré dans le port et essayé, vainement, de débarquer. Dans d'autres cas, les capitaines sachant qu'ils ne pourraient débarquer, se sont rendus dans le port étranger où le dépôt avait été effectué.

L'Administration a accueilli la demande d'exonération dans le premier cas. Elle l'a repoussé dans le second.

On est en droit de se demander les motifs de cette différence dans les décisions. Pourquoi imposer à une compagnie une tentative qu'elle sait pertinemment inutile ? Pourquoi l'obliger à entrer dans un port où des intérêts, des passions en conflit paralysent tout travail ? Comment n'a-t-on pas aperçu que l'entrée du navire dans le port n'aurait eu qu'un effet : provoquer le débarquement immédiat des hommes de l'équipage et immobiliser ainsi le navire, alors que la compagnie a pu donner, par télégraphe, au capitaine des instructions propres à atténuer, dans la mesure du possible, les effets de l'arrêt survenu dans le travail au port de sa destination première.

Il est aujourd'hui certain que la grève générale rentre dans les cas de force majeure. Il est non moins établi que le point de savoir si les circonstances de fait invoquées constituent ou non le cas de force majeure, rentre dans l'appréciation des tribunaux qui jugent souverainement.

Quand la force majeure est reconnue, elle libère le débiteur des *engagements* qu'il a souscrits ; s'il s'agit de *formalités*, elle justifie le défaut de leur inaccomplissement.

Le premier cas, c'est-à-dire la libération d'un engagement, d'une soumission d'acquit à-caution, a fait l'objet d'un arrêt de cassation du 14 mars 1901, aux termes duquel les dispositions de l'article 1148 du

code civil s'appliquent en matière fiscale, comme en toute autre matière. (D. P. 1901, I. 448).

Quant au second cas, c'est-à-dire au défaut d'accomplissement des *formatités* prescrites, il est prévu dans la loi de 1791, qui parle de la force majeure par « relâche forcée, naufrage ou autres *accidents.* » La grève rentre, évidemment, dans ces évènements qui mettent le capitaine dans l'impossibilité matérielle de se conformer au vœu précis de la loi.

Conclusion

La surtaxe d'entrepôt a pour objet de favoriser l'apport direct dans les ports de la Métropole des marchandises des pays hors d'Europe. On a voulu combattre la concurrence que les ports d'Europe, tels que Liverpool, Londres, Anvers, Hambourg, Barcelone et Gênes peuvent faire à nos propres marchés (Havre, Bordeaux, Marseille, etc.).

Mais lorsque ces derniers ports sont fermés, lorsqu'ils ne peuvent recevoir les marchandises qui leur sont destinées, il est tout naturel que ces marchandises soient, momentanément, déposées dans les ports voisins, jusqu'au moment où l'empêchement survenu ait pris fin.

L'Administration n'est pas investie du droit de juger souverainement si les faits invoqués constituent ou non l'empêchement de force majeure, de nature à relever l'importateur de la formalité du transport en droiture.

Cette appréciation appartient à la justice civile.

Le juge appelé à décider doit se poser les questions suivantes :

1° Oui ou non, pouvait-on débarquer les marchandises dans le port indiqué aux connaissements ?

2° Ces marchandises avaient-elles pour destination réelle le port français de . . . . .

3° Sont-elles entrées sur le marché étranger, ou ont-elles été simplement *déposées* sur le territoire étranger, sous la surveillance des autorités du pays ?

Si le juge est amené à résoudre ces questions par l'affirmative, il sera, naturellement, tenu de décider que l'interruption forcée du transport n'a pas eu pour objet d'éluder la surtaxe d'entrepôt et qu'il y a lieu, par suite, d'admettre la marchandise au droit modéré, tel qu'il aurait été acquis à son importation en droiture.